AF222023

Impressum
Verlag: BABADADA GmbH, Nedderfeld 112 , 22529 Hamburg
Geschäftsführer / Verlagsleitung: Harald Hof
Druck: Books on Demand GmbH, In de Tarpen 42, 22848 Norderstedt

Imprint
Publisher: BABADADA GmbH, Nedderfeld 112 , 22529 Hamburg, Germany
Managing Director / Publishing direction: Harald Hof
Print: Books on Demand GmbH, In de Tarpen 42, 22848 Norderstedt, Germany

مدرسه

escuela

کلاس درس
aula
تقسیم کردن
dividir
186/2
تخته
mesa
patio de escuela
معلم
docente
کاغذ
papel
نوشتن
escribir
خودکار
bolígrafo
میز تحریر
escritorio
خط کش
regla
کتاب
libro
دانش آموز
alumno

کیف مدرسه

mochila escolar

جامدادی

caja de lápices

مداد

lápiz

تراش

sacapuntas

پاک کن

goma de borrar

دفتر رسم

bloc de dibujo

طراحی

dibujo

قلم مو

pincel

جعبه ی آبرنگ

caja de pinturas

قیچی

tijera

چسب

pegamento

کتاب تمرین

libro de ejercicios

تکلیف خانه

tarea

رقم

número

جمع کردن

sumar

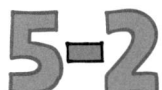

تفریق کردن

restar

ضرب کردن

multiplicar

محاسبه کردن

calcular

حرف الفبا

letra

الفبا

alfabeto

کلمه

palabra

متن

texto

خواندن

leer

گچ

tiza

درس

lección

ثبت نام

libro de clase

امتحان

examen

مدرک رسمی

certificado

لباس مدرسه

uniforme escolar

تحصیلات

educación

دانشنامه

enciclopedia

دانشگاه

universidad

میکروسکوپ

microscopio

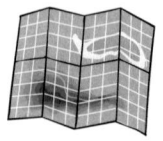

نقشه

mapa

سبد کاغذ باطله

cesto de papeles

سفر
viaje

هتل
hotel
مسافرخانه
albergue
صرافی
casa de cambio
چمدان
maleta
اتومبیل
auto

زبان

idioma

بله / خیر

sí / no

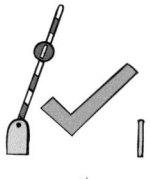

اُکی

ok

سلام

hola

مترجم

intérprete

ممنون

gracias

قیمت ... چه قدر است؟

....

¿Cuánto cuesta…?

من متوجه نمی شوم

....

No entiendo

مشکل

....

problema

عصر بخیر! / شب بخیر!

....

¡Buenas tardes!

صبح بخیر!

....

¡Buenos días!

شب بخیر!

....

¡Buenas noches!

خدانگهدار

....

adiós

جهت

....

dirección

بار سفر

....

equipaje

کیف

....

bolso

کوله پشتی

....

mochila

مهمان

....

invitado

اتاق

....

cuarto

کیسه خواب

....

saco de dormir

خیمه

....

tienda de campaña

مرکز راهنمای گردشگران

información al turista

ساحل

playa

کارت اعتباری

tarjeta de crédito

صبحانه

desayuno

نهار

almuerzo

شام

cena

بلیط

pasaje

آسانسور

ascensor

مهر

sello

مرز

límite

گمرک

aduana

سفارتخانه

embajada

ویزا

visa

گذرنامه

pasaporte

حمل و نقل

transporte

هواپیما
avión

کشتی
barco

ماشین آتش نشانی
coche de bomberos

اتوبوس
bus

کامیون
camión

قایق موتوری
lancha a motor

دوچرخه
bicicleta

اتومبیل
auto

کشتی مسافربری

balsa

قایق

lancha

موتورسیکلت

motocicleta

ماشین پلیس

auto de policía

ماشین مسابقه

auto de carreras

ماشین کرایه ای

auto de alquiler

به اشتراک گذاری اتوموبیل

alquiler de autos

جرثقیل

grúa

ماشین حمل زباله

vehículo recolector de basura

موتور

motor

بنزین

gasolina

پمپ بنزین

gasolinera

تابلو راهنمایی و رانندگی

señal de tráfico

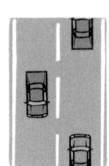

عبور و مرور

tránsito

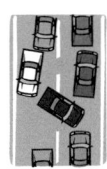

ترافیک

atasco

پارکینگ

estacionamiento

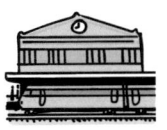

ایستگاه قطار

estación de tren

ریل راه آهن

carril

قطار

tren

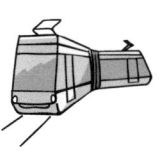

قطار برقی

tranvía

واگن

vagón

هلیکوپتر

helicóptero

فرودگاه

aeropuerto

برج

torre

مسافر

pasajero

کانتینر

contenedor

کارتن

caja de cartón

گاری

carro

سبد

cesta

به پرواز درآمدن / فرود آمدن

despegar / aterrizar

شهر

ciudad

دهکده

aldea

مرکز شهر

centro de la ciudad

خانه

casa

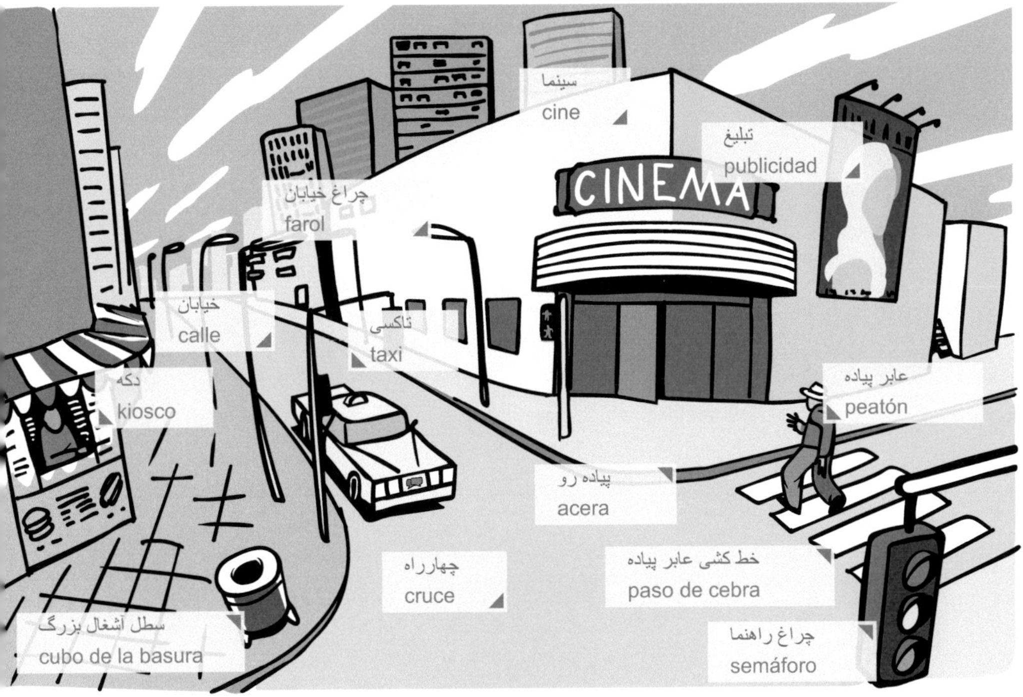

سینما
cine
تبلیغ
publicidad
CINEMA
چراغ خیابان
farol
خیابان
calle
تاکسی
taxi
دکه
kiosco
عابر پیاده
peatón
پیاده رو
acera
چهارراه
cruce
خط کشی عابر پیاده
paso de cebra
سطل آشغال بزرگ
cubo de la basura
چراغ راهنما
semáforo

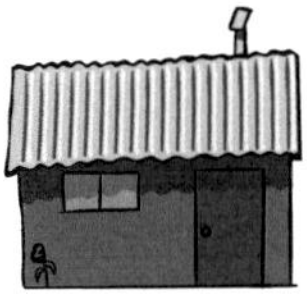

کلبه

cabaña

آپارتمان

apartamento

ایستگاه قطار

estación de tren

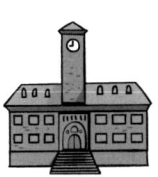

ساختمان شهرداری

ayuntamiento

MUSEUM

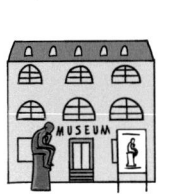

موزه

museo

مدرسه

escuela

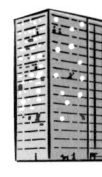

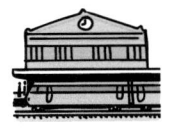

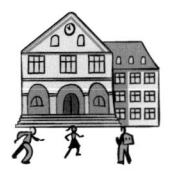

دانشگاه

universidad

بانک

banco

بیمارستان

hospital

هتل

hotel

داروخانه

farmacia

اداره

oficina

کتابفروشی

librería

مغازه

negocio

گل فروشی

florería

سوپرمارکت

supermercado

بازار

mercado

فروشگاه بزرگ

grandes almacenes

ماهی فروش

pescadería

مرکز خرید

centro comercial

بندر

puerto

پارک

parque

نیمکت

banco

پل

puente

پله

escalera

مترو

metro

تونل

túnel

ایستگاه اتوبوس

parada de autobuses

میخانه

bar

رستوران

restaurante

صندوق پست

buzón de correo

تابلوی خیابان

letrero

دستگاه پارکومتر

parquímetro

باغ وحش

zoológico

استخر شنای عمومی

piscina

مسجد

mezquita

مزرعه

granja

آلودگی محیط زیست

polución

قبرستان

cementerio

کلیسا

iglesia

زمین بازی

parque infantil

معبد

templo

چشم انداز

paisaje

برگ
hoja

تابلوی راهنمای مسیر
indicador de camino

راه
sendero

چمنزار
pradera

سنگ
piedra

درخت
árbol

راه نَوَرد
caminante

رودخانه
río

چمن
pasto

گل
flor

دره

valle

تپه

montaña

دریاچه

lago

جنگل

bosque

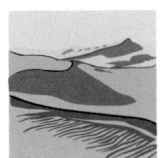

بیابان

desierto

کوه آتشفشان

volcán

قلعه

castillo

رنگین کمان

arco iris

قارچ

seta

درخت نخل

palmera

پشه

mosquito

مگس

mosca

مورچه

hormiga

زنبور

abeja

عنکبوت

araña

سوسک
....
escarabajo

قورباغه
....
rana

سنجاب
....
ardilla

جوجه تیغی
....
erizo

خرگوش صحرایی
....
liebre

جغد
....
lechuza

پرنده
....
pájaro

قو
....
cisne

گراز
....
jabalí

گوزن نر
....
ciervo

گوزن شمالی
....
alce

سد آب
....
embalse

توربین بادی
....
aerogenerador

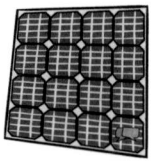

صفحه ی خورشیدی
....
módulo solar

آب و هوا
....
clima

رستوران
restaurante

camarero
منوی غذا
carta del menú
صندلی
silla
سوپ
sopa
پیتزا
pizza
سرویس کارد و قاشق و چنگال
cubiertos
رومیزی
mantel

پیش‌غذا
entrada

غذای اصلی
plato principal

دسر
postre

نوشیدنی ها
bebida

غذا
comida

بطری
botella

فست فود

comida rápida

اغذیه خیابانی

comida callejera

قوری

tetera

قندان

azucarera

پُرس غذا

porción

دستگاه اسپرسو

máquina de espresso

صندلی پایه بلند غذاخوری بچه

silla alta

صورتحساب

factura

سینی

bandeja

چاقو

cuchillo

چنگال

tenedor

قاشق

cuchara

قاشق چایخوری

cuchara de té

دستمال سفره

servilleta

لیوان

vaso

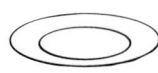

بشقاب

....

plato

بشقاب سوپخوری

....

plato de sopa

نعلبکی

....

platillo

سس

....

salsa

نمکدان

....

salero

فلفل ساب

....

molinillo para pimienta

سرکه

....

vinagre

روغن خوراکی

....

aceite

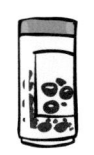

ادویه جات

....

especias

سس کچاپ

....

ketchup

سس خردل

....

mostaza

سس مایونز

....

mayonesa

سوپرمارکت

supermercado

پیشنهاد ویژه
oferta
مشتری
cliente
لبنیات
productos lácteos
میوه جات
fruta
چرخ دستی خرید
carrito de compras

قصابی

carnicería

نانوایی

panadería

وزن کردن

pesar

سبزیجات

verdura

گوشت

carne

غذای منجمد

alimentos congelados

مخلوطی از انواع کالباس یا پنیر که
ورقه ای بریده شده باشند

fiambre

غذای کنسروی

conservas

پودر لباسشویی

detergente en polvo

شیرینی جات

dulces

لوازم خانگی

artículos domésticos

ماده شوینده و پاک کننده

productos de limpieza

فروشنده

vendedora

صندوق پرداخت

caja

صندوقدار

cajero

لیست خرید

lista de compras

ساعات کار

horario de atención

کیف پول

cartera

کارت اعتباری

tarjeta de crédito

کیف

maleta

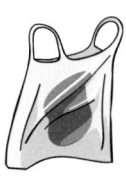

کیسه ی پلاستیکی

bolsa plástica

نوشیدنی ها

bebida

آب

agua

آبمیوه

jugo

شیر

leche

نوشابه کوکاکولا

refresco de cola

شراب

vino

آبجو

cerveza

الکل

alcohol

کاکائو

cacao

چای

té

قهوه

café

قهوه اسپرسو

espresso

کاپوچینو

cappuccino

غذا

comida

موز

banana

سیب

manzana

پرتقال

naranja

انواع هندوانه و خربزه

sandía

لیمو

limón

هویج

zanahoria

سیر

ajo

نی بامبو

bambú

پیاز

cebolla

قارچ

seta

آجیل

nueces

ماکارونی

fideos

اسپاگتی

espagueti

برنج

arroz

سالاد

ensalada

سیب زمینی سرخ کرده

patatas fritas

سیب زمینی سرخ شده

patatas salteadas

پیتزا

pizza

همبرگر

hamburguesa

ساندویچ

sándwich

شنیتسل

escalope

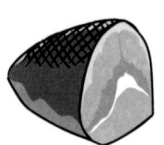

ژامبون خوک

jamón

سالامی

salame

سوسیس

embutido

مرغ

pollo

نوعی گوشت سرخ شده

asado

ماهی

pescado

جوی پرک شده
....
copos de avena

نوعی صبحانه مخلوطی از برگه ذرت و
میوه های خشک شده و خشکبار که
معمولا با شیر خورده می شود
musli

کورن‌فلکس
....
copos de maíz tostado

آرد
....
harina

کرواسان
....
croissant

نان بروتشن
....
panecillo

نان
....
pan

نان تست
....
tostada

بیسکویت
....
galletas

کره
....
mantequilla

کشک
....
cuajada

کیک
....
pastel

تخم مرغ
....
huevo

تخم مرغ نیمرو
....
huevo frito

پنیر
....
queso

بستنی

helado

شکر

azúcar

عسل

miel

مربا

mermelada

کرم شکلاتی بادامی

praliné

ادویه کاری

curry

مزرعه

granja

خانه ی مزرعه داران
casa de labranza
انبار غله
pajar
خرمن کاه
paca de paja
مزرعه
campo
اسب
caballo
ماشین یدک کش
remolque
تراکتور
tractor
کره اسب
potro
خر
asno
گوسفند
oveja
بره
cordero

بز

cabra

گاو ماده

vaca

گوساله

ternero

خوک

cerdo

بچه خوک

lechón

گاو نر

toro

غاز

ganso

اردک

pato

جوجه

polluelo

مرغ

pollo

خروس

gallo

موش صحرایی

rata

گربه

gato

موش

ratón

گاو نر اخته

buey

سگ

perro

لانه ی سگ

caseta del perro

شلنگ باغبانی

manguera de riego

آبپاش

regadera

داس دسته بلند

guadaña

گاوآهن

arado

داس

hoz

کج بیل

azada

چنگک باغبانی

bieldo

تبر

hacha

فرقون

carretilla

آبشخور

abrevadero

بطری نگهداری شیر

lechera

کیسه

saco

حصار

cerca

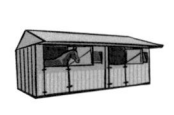

اصطبل

establo

گلخانه

invernadero

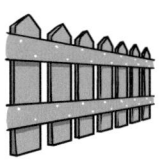

خاک

suelo

بذر

semilla

کود

fertilizante

ماشین کمباین

cosechadora

برداشت کردن محصول

cosechar

محصول

cosecha

تمیس

raíz de ñame

گندم

trigo

سویا

soja

سیب زمینی

patata

ذرت

maíz

کلزا

colza

درخت میوه

Árbol frutal

گیاه مانیوک

mandioca

غلات

cereales

خانه

casa

دودکش
chimenea
پشت بام
techo
ناودان
canalón
پنجره
ventana
زنگ در
timbre
گاراژ
garaje
در
puerta
سطل آشغال
cubo de la basura
صندوق مراسلات
buzón de correo
باغ
jardín

اتاق نشیمن

cuarto de estar

حمام

cuarto de baño

آشپزخانه

cocina

اتاق خواب

dormitorio

اتاق بچه

cuarto de los niños

ناهارخوری

comedor

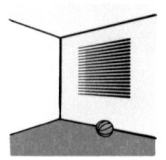

کف زمین

piso

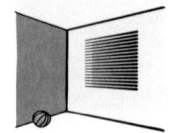

دیوار

pared

سقف

cielorraso

زیرزمین

sótano

سونا

sauna

بالکن

balcón

تراس

terraza

استخر

piscina

ماشین چمن‌زنی

cortacésped

ملافه

funda nórdica

روتختی

edredón

تخت خواب

cama

جارو

escoba

سطل

cubo

سویچ یا کلید

interruptor

اتاق نشیمن

cuarto de estar

کاغذ دیواری
papel para empapelar
عکس
imagen
لامپ
lámpara
قفسه
estante
کابینت
gabinete
تلویزیون
televisor
شومینه
hogar
گل
flor
کوسن
cojín
کاناپه
sofá
گلدان
florero
کنترل تلویزیون و ویدئو و غیره
control remoto

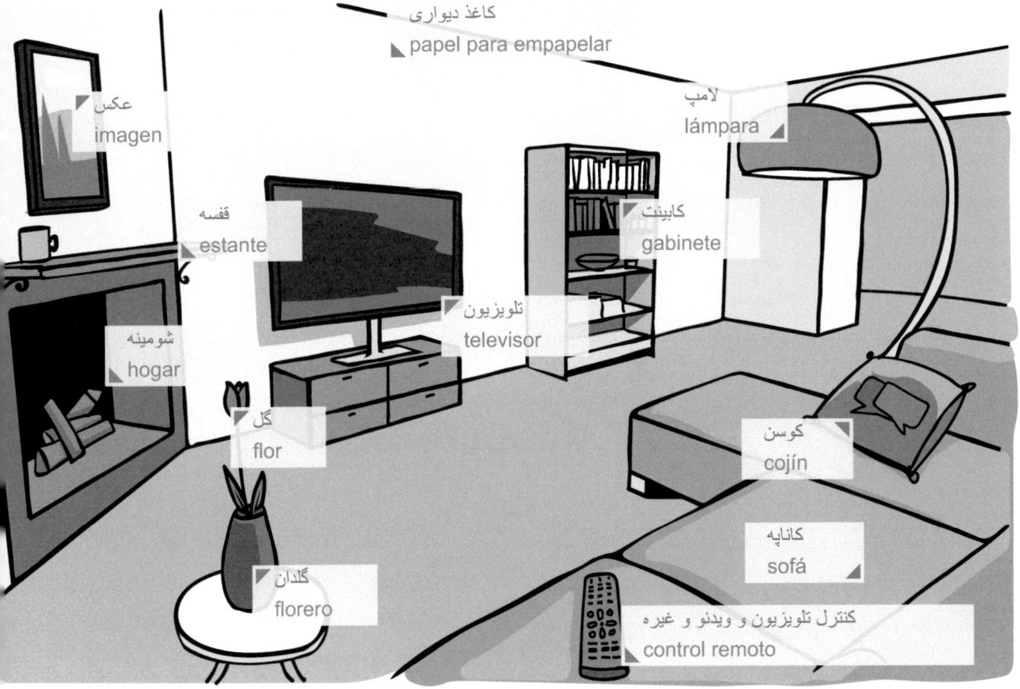

فرش

alfombra

پرده

cortina

میز

mesa

صندلی

silla

صندلی گهواره ایی

mecedora

صندلی راحتی

sillón

کتاب

libro

لحاف

frazada

دکوراسیون

decoración

هیزم

leña

فیلم

film

دستگاه ضبط صوت

equipo estereofónico

کلید

llave

روزنامه

periódico

تابلو نقاشی

cuadro

پوستر

póster

رادیو

radio

دفترچه یادداشت

bloc de notas

جاروبرقی

aspiradora

کاکتوس

cactus

شمع

vela

آشپزخانه
cocina

یخچال
nevera
ماکروویو
horno microondas
balanza de cocina
تُستر
tostador
ماده شوینده و پاک کننده
detergente
فر خوراک پزی
horno
جایخی
congelador
سطل آشغال
cubo de la basura
ماشین ظرفشویی
lavaplatos

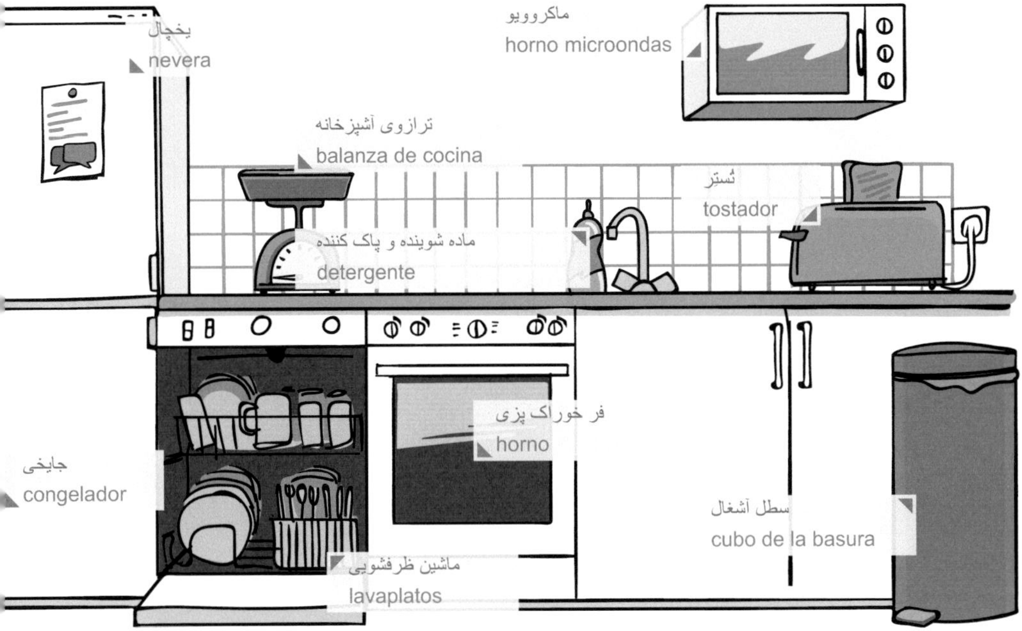

اجاق گاز
cocina

قابلمه
olla

قابلمه چدنی
olla de fundición de hierro

ماهی تابه گود
wok / kadai

ماهی تابه
sartén

کتری
hervidor de agua

بخارپز

olla de vapor

سینی فر

bandeja de horno

ظرف چینی آشپزخانه

vajilla

لیوان

vaso

کاسه

bol

چاپستیک

palillos para comer

ملاقه

cucharón de sopa

کفگیر

espátula

همزن

batidor

آبکش

colador

آبکش

cedazo

رنده

rallador

هاون

mortero

باربیکیو

parrillada

محل مخصوص افروختن آتش

fogata

آشپزخانه - cocina

تخته گوشت و سبزی

tabla de picar

وردنه

rodillo

در بطری بازکن

sacacorchos

قوطی

lata

در قوطی بازکن

abrelatas

دستگیره پارچه ای

agarrador

سینک ظرفشویی

fregadero

برس گردگیری

cepillo

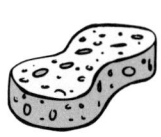

اسفنج

esponja

مخلوط کن

batidora

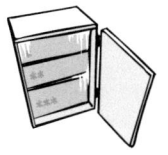

فریزر

arcón congelador

شیشه شیر بچه

biberón

شیر آب

grifo

حمام

cuarto de baño

بخاری
calefacción
دوش
ducha
حوله
toalla
پرده ی حمام
cortina para ducha
حمام کف
baño de espuma
وان حمام
bañera
لیوان
vaso
ماشین لباسشویی
lavadora
شیر آب
grifo
کاشی
baldosa
لگن دستشویی کودکان
orinal
سینک ظرفشویی
fregadero

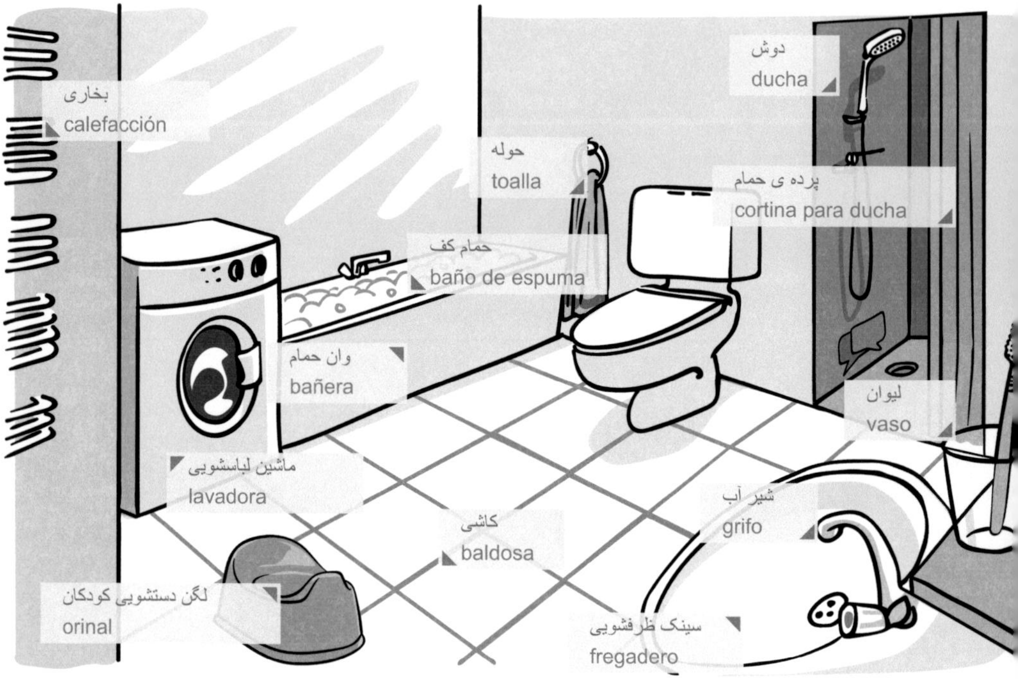

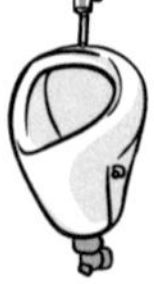

توالت

cuarto de baño

توالت ایرانی

placa turca

کاسه توالت

bidé

توالت مخصوص آقایان

urinario

دستمال توالت

papel higiénico

فرچه توالت

escobilla para el cuarto de baño

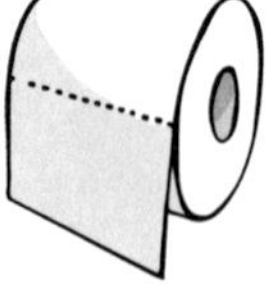

مسواک

cepillo de dientes

خمیردندان

pasta dentífrica

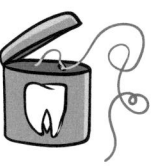

نخ دندان

seda dental

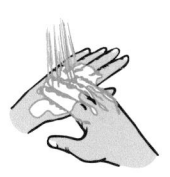

شستن

lavar

دوش آب تلفنی

ducha teléfono

شلنگ توالت

ducha higiénica

لگن روشویی

cuenco

برس شست و شوی پشت

cepillo para la espalda

صابون

jabón

شامپو بدن

gel de ducha

شامپو

champú

لیف حمام

manopla para baño

راه آب

desagüe

کرم

crema

اسپری دئودورانت

desodorante

آیینه

espejo

آیینه ی کوچک دستی

espejo de maquillaje

تیغ ریش تراشی

máquina de afeitar

کف ریش‌تراشی

espuma de afeitar

افترشیو

loción para después del afeitado

شانه ی سر

peine

برس

cepillo

سشوار

secador para cabello

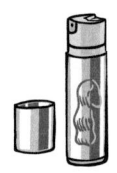

اسپری مو

laca de peinado

آرایش

maquillaje

رژلب

lápiz labial

لاک ناخن

laca para uñas

پنبه

algodón

قیچی ناخن

tijera para uñas

عطر

perfume

کیف لوازم آرایشی و بهداشتی
....
neceser

چهارپایه
....
taburete

ترازو
....
balanza

حوله ی پالتویی
....
bata de baño

دستکش ظرفشویی
....
guantes de goma

تامپون
....
tampón

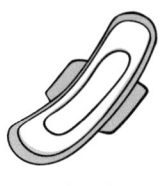

نوار بهداشتی
....
compresa

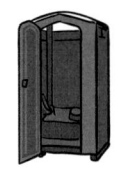

توالت سیار
....
wáter químico

اتاق بچه
cuarto de los niños

ساعت زنگدار
despertador
نوعی عروسک نرم به شکل حیوانات
animal de peluche
ماشین اسباب بازی
auto de juguete
جغجغه
sonajero
خانه ی عروسکی
casa de muñecas
کادو
obsequio

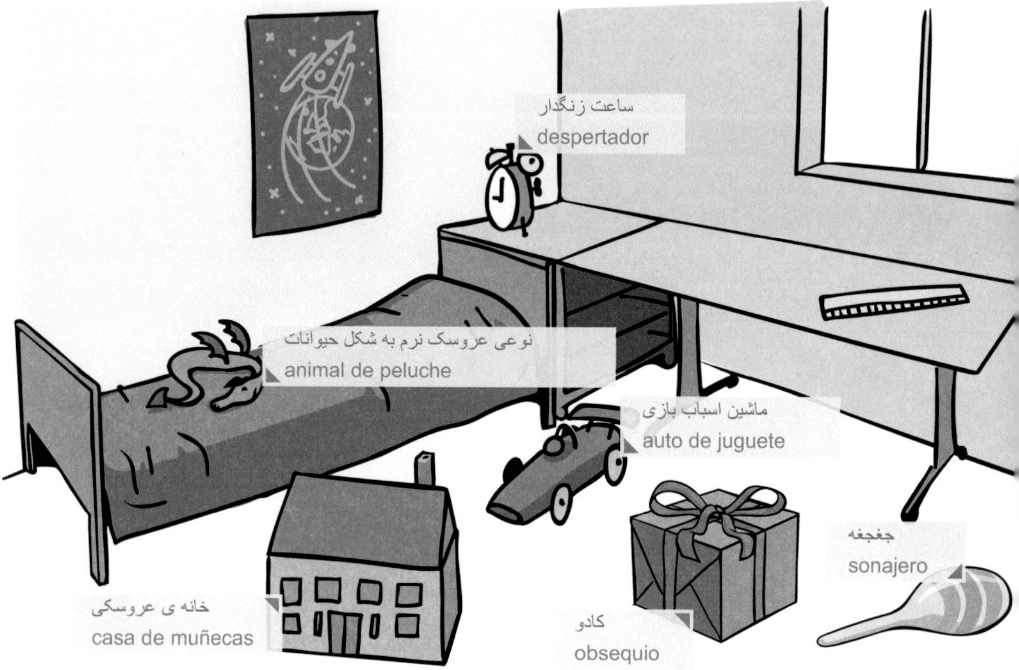

بادکنک

globo

تخت خواب

cama

کالسکه بچه

cochecito para niños

بازی ورق

juego de barajas

پازل

rompecabezas

داستان مصور

cómic

اسباب بازی لگو

piezas de Lego

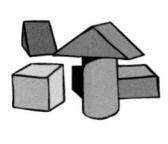

خانه سازی

bloques para jugar

عروسک شخصیت های فیلم و کارتون

figura de acción

لباس نوزاد

pijama de una pieza

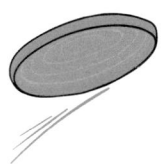

فریزبی

frisbee

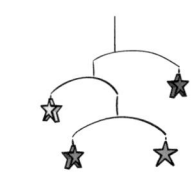

نوعی اسباب بازی که روی تخت نوزاد
یا کودک نصب می شود

móvil

بازی روی صفحه

juego de mesa

تاس

dado

قطار اسباب بازی

tren eléctrico a escala

پستانک

chupete

مهمانی

fiesta

کتاب مصور

libro de dibujos

توپ

pelota

عروسک

títere

بازی کردن

jugar

جعبه شنی مخصوص بازی کودکان

arenero

تاب

columpio

اسباب بازی

juguetes

کنسول بازی های کامپیوتری

consola de videojuego

سه چرخه

triciclo

خرس عروسکی

osito de peluche

کمد لباس

guardarropa

لباس

vestimenta

جوراب

calcetines

جوراب زنانه ساق بلند

medias

جوراب شلواری

panti

شال
chal

چتر
paraguas

تی شرت
camiseta

کمربند
cinturón

پوتین
botas

دمپایی
zapatilla

کفش ورزشی کتانی
deportivas

صندل
sandalias

کفش
zapatos

چکمه پلاستیکی
botas de goma

شرت
ropa interior

سوتین
corpiño

جلیقه
camiseta

بادی

body

شلوار

pantalón

جین

jeans

دامن

falda

بلوز

blusa

پیراهن

camisa

پولیور

pullover

سویی شرت

sweater

نوعی کت

blazer

ژاکت

chaqueta

کت بلند

abrigo

بارانی

impermeable

لباس نمایش

traje chaqueta

لباس

vestido

لباس عروس

vestido de bodas

کت و شلوار

traje

لباس خواب زنانه

camisón

پیژامه

pijama

ساری

sari

روسری

pañuelo de cabeza

عمامه

turbante

برقع

burka

قبا

caftán

عبا

abaya

لباس شنا

traje de baño

شرت شنا

bañador

شلوارک

shorts

لباس ورزشی

chándal

پیشبند

delantal

دستکش

guante

دکمه

botón

عینک

gafa

دستبند

brazalete

گردنبند

cadena

انگشتر

anillo

گوشواره

aro

کلاه لبه دار

gorra

چوب لباسی

percha

کلاه

sombrero

کراوات

corbata

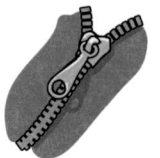

زیپ

cierre a cremallera

کلاه ایمنی

casco

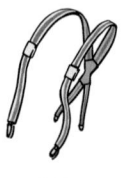

بند شلوار

tiradores

لباس مدرسه

uniforme escolar

لباس فرم

uniforme

پیش بند بچه

babero

پستانک

chupete

پوشک بچه

pañal

اداره

oficina

سرور
servidor
کمد نگهداری پرونده
archivador
چاپگر
impresora
کاغذ
papel
مانیتور
monitor
ماوس
ratón
میز تحریر
escritorio
زونکن
carpeta
صفحه کلید
teclado
سبد کاغذ باطله
cesto de papeles
کامپیوتر
ordenador
صندلی
silla

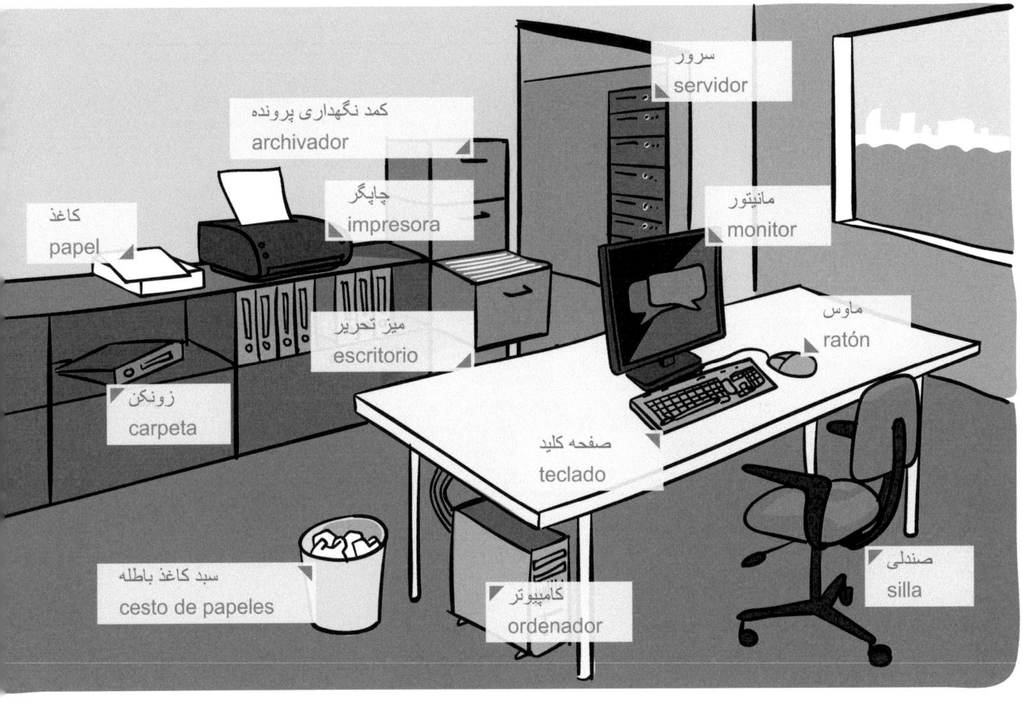

لیوان قهوه

taza de café

ماشین حساب

calculadora

اینترنت

internet

لپ تاپ

laptop

نامه

carta

پیغام

mensaje

تلفن همراه

teléfono móvil

شبکه ی ارتباطی

red

دستگاه فتوکپی

fotocopiadora

نرم افزار

software

تلفن

teléfono

پریز

tomacorriente

دستگاه فاکس

máquina de fax

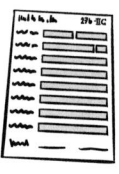

فرم

formulario

مدرک

documento

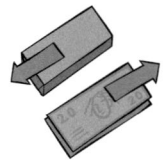

اقتصاد

economía

خریدن

comprar

پرداخت کردن

pagar

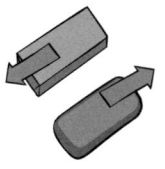

تجارت کردن

comerciar

پول

dinero

دلار

dólar

یورو

euro

ین

yen

روبل

rublo

فرانک سوئیس

franco

یوان رنمینبی

renminbi

روپیه

rupia

دستگاه خودپرداز

cajero automático

صرافی

casa de cambio

طلا

oro

نقره

plata

نفت

petróleo

انرژی

energía

قیمت

precio

قرارداد

contrato

مالیات

impuesto

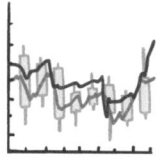

سهام سرمایه

acción

کار کردن

trabajar

کارمند

empleado

کارفرما

empleador

کارخانه

fábrica

مغازه

negocio

مشاغل

ocupaciones

مامور پلیس
policía
آتش نشان
bombero
دکتر
médico
آشپز
cocinero
خلبان
piloto

باغبان

jardinero

نجار

carpintero

خیاط زنانه

costurera

قاضی

juez

شیمیدان

químico

بازیگر

actor

راننده اتوبوس

conductor de autobús

راننده تاکسی

taxista

ماهیگیر

pescador

نظافتچی زن

mujer de la limpieza

سقف ساز

techista

پیشخدمت رستوران

camarero

شکارچی

cazador

نقاش

pintor

نانوا

panadero

برقکار

electricista

کارگر ساختمانی

albañil

مهندس

ingeniero

قصاب

carnicero

لوله کش

fontanero

پستچی

cartero

سرباز

soldado

معمار

arquitecto

صندوقدار

cajero

گل فروش

florista

آرایشگر

peluquero

مامور کنترل بلیط در قطار

cobrador

مکانیک

mecánico

ناخدا

capitán

دندانپزشک

odontólogo

دانشمند

científico

عالم یهودی

rabino

امام

imam

راهب

monje

کشیش

párroco

ابزارآلات

herramientas

چکش
martillo
انبردست
tenazas
پیچ گوشتی
destornillador
آچار
llave de tuercas
چراغ قوه
lámpara de me

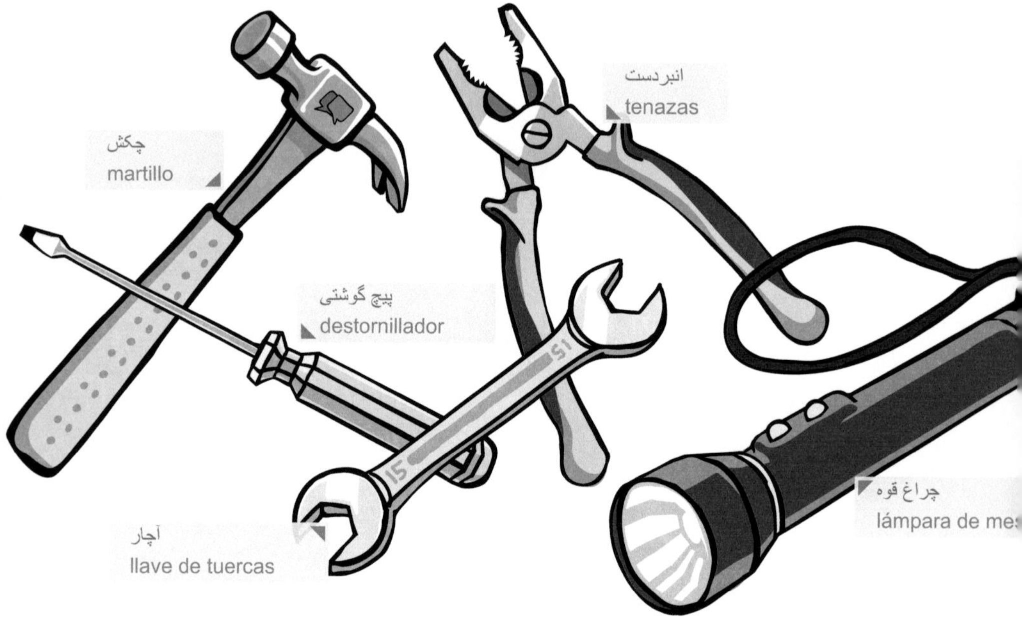

بیل مکانیکی

excavadora

جعبه ابزار

caja de herramientas

نردبان

escalerilla

ارّه

serrucho

میخ

clavos

مته

taladro

تعمیر کردن

reparar

بیل

pala

لعنتی!

¡Maldición!

خاک انداز

recogedor

سطل رنگرزی

lata de pintura

پیچ

tornillos

آلات موسیقی
instrumentos musicales

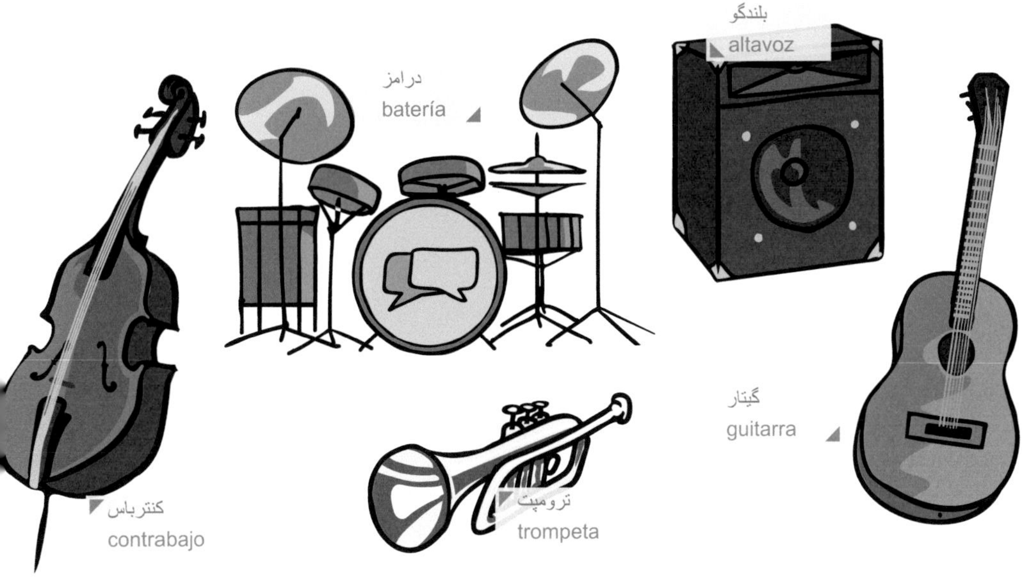

بلندگو
altavoz

درامز
batería ▶

گیتار
guitarra ◀

کنترباس
contrabajo

ترومپت
trompeta

پيانو

piano

ويولن

violín

گيتار بيس

bajo

تيمپانى

timbales

طبل

tambor

كيبورد الكتريک

teclado

ساكسيفون

saxofón

فلوت

flauta

ميكروفون

micrófono

باغ وحش

zoológico

ورودی
entrada
ببر
tigre
قفس
jaula
cebra
خوراک حیوانات
comida para animales
خرس پاندا
panda

حیوانات

animales

فیل

elefante

کانگورو

canguro

کرگدن

rinoceronte

گوریل

gorila

خرس

oso

شتر

camello

شترمرغ

avestruz

شیر

león

میمون

mono

فلامینگو

flamengo

طوطی

papagayo

خرس قطبی

oso polar

پنگوئن

pingüino

کوسه

tiburón

طاووس

pavo real

مار

serpiente

تمساح

cocodrilo

نگهبان باغ وحش

cuidador del zoológico

خوک آبی

foca

پلنگ امریکایی

jaguar

اسب کوچک
....
pony

پلنگ
....
leopardo

اسب آبی
....
hipopótamo

زرافه
....
jirafa

عقاب
....
águila

گراز
....
jabalí

ماهی
....
pescado

لاک پشت
....
tortuga

شیرماهی
....
morsa

روباه
....
zorro

غزال
....
gacela

ورزش ها

deporte

فوتبال آمریکایی
fútbol americano
دوچرخه سواری
ciclismo
تنیس
tenis
بسکتبال
baloncesto
شنا
natación
هاکی روی یخ
hockey sobre hielo
بوکس
boxeo

فوتبال

fútbol

بدمینتون

badminton

دوومیدانی

atletismo

هندبال

balonmano

اسکی

esquí

پولو

polo

فعالیت ها

actividades

خندیدن
reír
پریدن
saltar
بغل کردن
abrazar
راه رفتن
caminar
آواز خواندن
cantar
رؤیا دیدن
soñar
دعا کردن
rezar
بوسیدن
besar

نوشتن

escribir

رسم کردن

dibujar

نشان دادن

mostrar

هل دادن

presionar

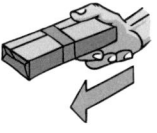

دادن

dar

برداشتن

tomar

داشتن

tener

انجام دادن

hacer

بودن

ser

ایستادن

estar de pie

دویدن

correr

کشیدن

tirar

پرتاب کردن

arrojar

افتادن

caer

دراز کشیدن

estar acostado

منتظر بودن

esperar

حمل کردن

llevar

نشستن

estar sentado

لباس پوشیدن

vestirse

خوابیدن

dormir

بیدار شدن

despertar

تماشا کردن

mirar

گریه کردن

llorar

نوازش کردن

acariciar

شانه کردن

peinarse

حرف زدن

conversar

فهمیدن

entender

پرسیدن

preguntar

شنیدن

oír

آشامیدن

beber

خوردن

comer

مرتب کردن

asear

عاشق بودن

amar

پختن

cocinar

رانندگی کردن

conducir

پرواز کردن

volar

قایقرانی کردن

navegar

محاسبه کردن

calcular

خواندن

leer

یاد گرفتن

aprender

کار کردن

trabajar

ازدواج کردن

casarse

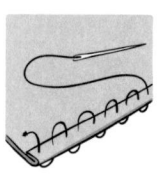

دوختن

coser

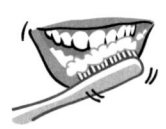

مسواک زدن

limpiarse los dientes

کشتن

matar

سیگار کشیدن

fumar

فرستادن

enviar

خانواده

familia

مادربزرگ
abuela
پدربزرگ
abuelo
پدر
padre
مادر
madre
کودک
bebé
فرزند دختر
hija
فرزند پسر
hijo

مهمان

invitado

خاله، عمه

tía

دایی، عمو

tío

برادر

hermano

خواهر

hermana

بدن

cuerpo

پیشانی
frente
چشم
ojo
شانه
hombro
انگشت دست
dedo
صورت
cara
چانه
barbilla
دست
mano
ساق پا
pierna
سینه
pecho
بازو
brazo

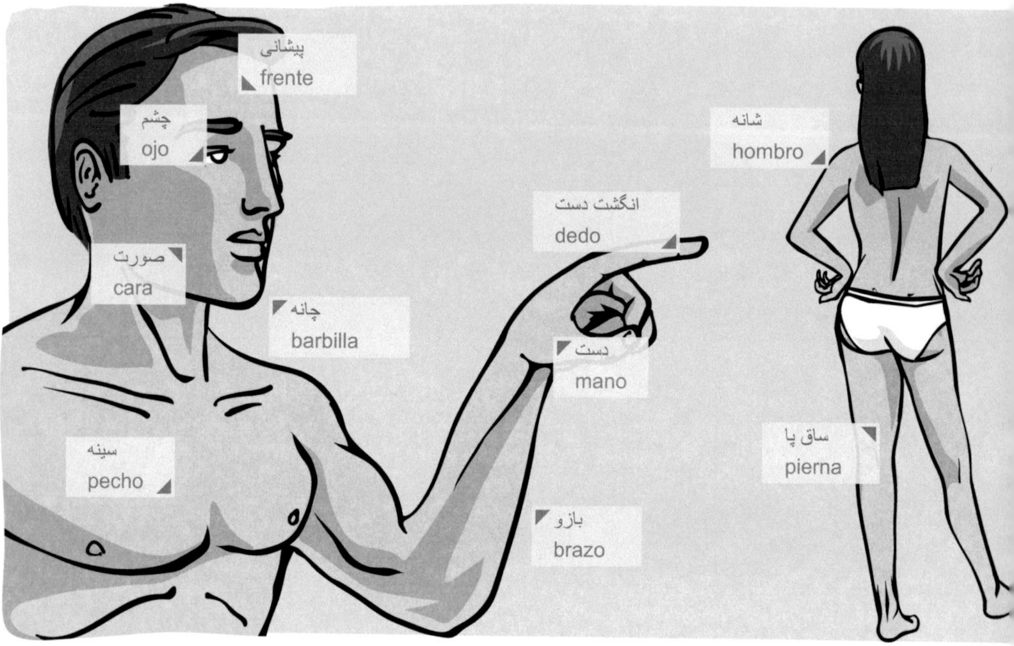

کودک

bebé

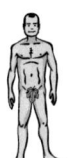

مرد

hombre

زن

mujer

دختربچه

muchacha

پسربچه

joven

کله

cabeza

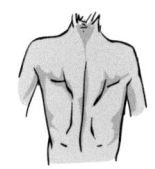

کمر

espalda

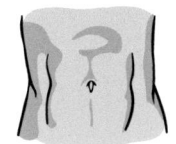

شکم

vientre

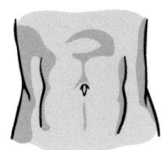

ناف

ombligo

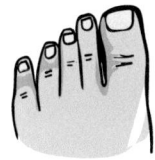

انگشت پا

dedo del pie

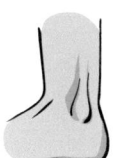

پاشنه

talón

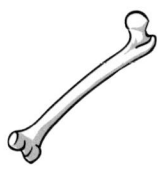

استخوان

hueso

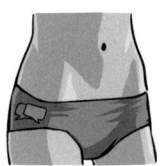

لگن

cadera

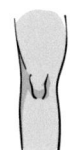

زانو

rodilla

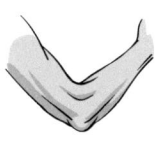

آرنج

codo

بینی

nariz

نشیمنگاه

trasero

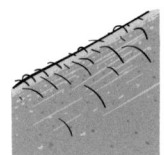

پوست

piel

گونه

mejilla

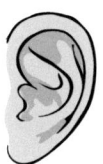

گوش

oreja

لب

labio

دهان

boca

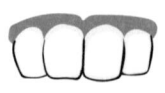

دندان

diente

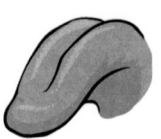

زبان

lengua

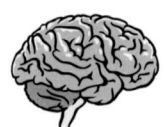

مغز

cerebro

قلب

corazón

عضله

músculo

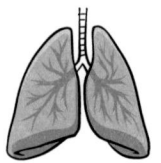

ریه

pulmón

کبد

hígado

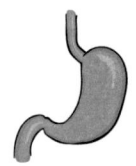

معده

estómago

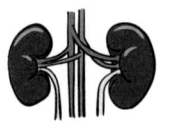

کلیه

riñones

آمیزش جنسی

relación sexual

کاندوم

condón

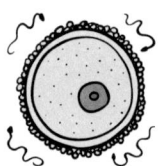

تخمک

Óvulo

اسپرم

esperma

حاملگی

embarazo

بدن - cuerpo

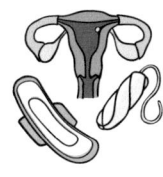

پریود
....
menstruación

واژن
....
vagina

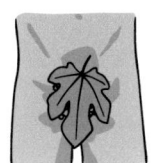

آلت تناسلی مرد
....
pene

ابرو
....
ceja

مو
....
cabello

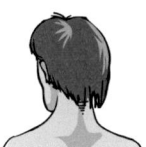

گردن
....
cuello

بیمارستان

hospital

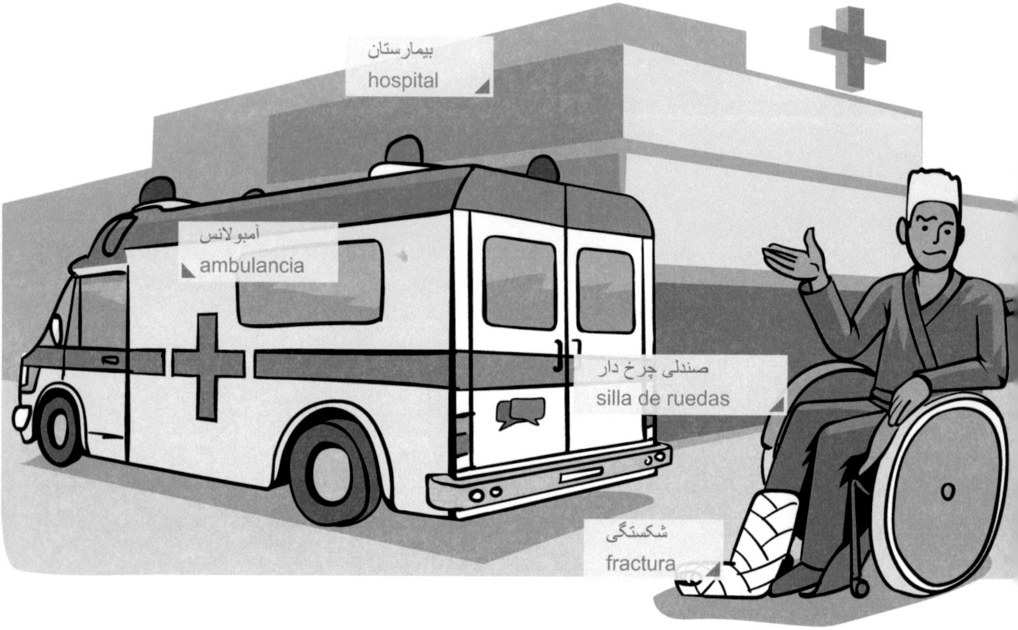

بیمارستان
hospital
آمبولانس
ambulancia
صندلی چرخ دار
silla de ruedas
شکستگی
fractura

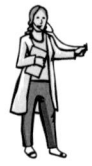

دکتر

médico

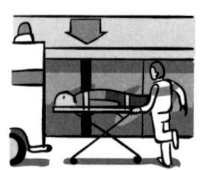

بخش اورژانس

admisión de urgencia

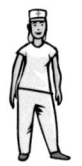

پرستار

enfermera

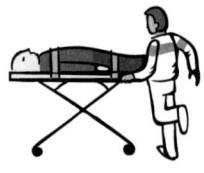

موقعیت اضطراری

emergencia

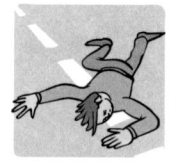

بی هوش

inconsciente

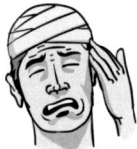

درد

dolor

مصدومیت

lesión

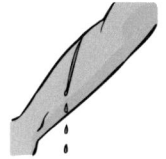

خونریزی

hemorragia

سکته قلبی

infarto de miocardio

سکته مغزی

apoplejía cerebral

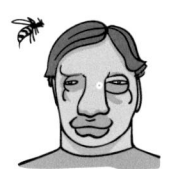

آلرژی

alergia

سرفه

tos

تب

fiebre

آنفولانزا

gripe

اسهال

diarrea

سردرد

dolor de cabeza

سرطان

cáncer

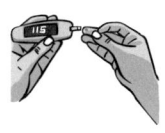

دیابت

diabetes

جراح

cirujano

چاقوی جراحی

escalpelo

عمل جراحی

operación

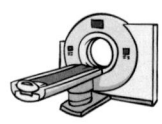

سی تی اسکن

TC

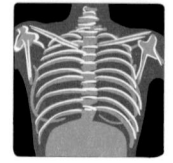

پرتونگاری

rayos X

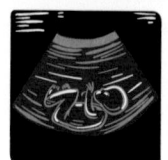

سونوگرافی

ultrasonido

ماسک صورت

máscara

بیماری

enfermedad

اتاق انتظار

sala de espera

چوب زیر بغل

muleta

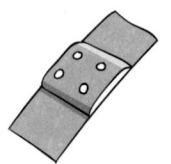

چسب زخم

emplasto

پانسمان

vendaje

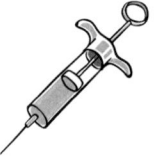

تزریق

inyección

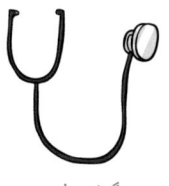

گوشی طبی

estetoscopio

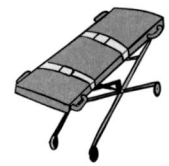

برانکار

camilla

دماسنج

termómetro

زایش

nacimiento

اضافه وزن

sobrepeso

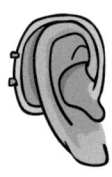

سمعک

audífono

ماده ضد غفونی کننده

desinfectante

عفونت

infección

ویروس

virus

اچ آی وی / ایدز

VIH / SIDA

دارو

medicina

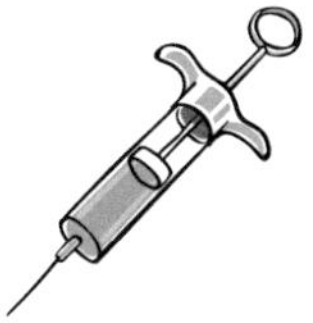

واکسیناسیون

vacunación

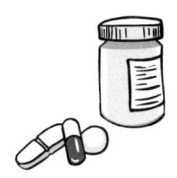

قرص

comprimido

قرص ضد حاملگی

píldora anticonceptiva

تماس اظطراری

llamada de emergencia

دستگاه اندازه گیری فشارخون

medidor de presión arterial

مریض / سالم

enfermo / saludable

موقعیت اضطراری

emergencia

کمک!

¡Ayuda!

آژیر خطر

alarma

حمله

asalto

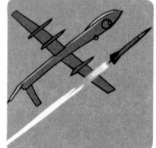

حمله ی فیزیکی

ataque

خطر

peligro

خروج اظطراری

salida de emergencia

آتش

¡Fuego!

کپسول آتش‌نشانی

extintor

تصادف

accidente

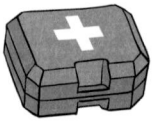

جعبه کمک های اولیه

kit de primeros auxilios

درخواست کمک

SOS

پلیس

Policía

کره زمین
Tierra

اروپا

Europa

آمریکای شمالی

América del Norte

آمریکای جنوبی

América del Sur

آفریقا

África

آسیا

Asia

استرالیا

Australia

اقیا نوس اطلس

Atlántico

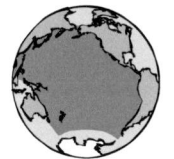

اقیانوس آرام

Pacífico

اقیانوس هند

Océano Índico

اقیا نوس اطلس جنوبی

Océano Antártico

اقیانوس منجمد شمالی

Océano Ártico

قطب شمال

Polo Norte

قطب جنوب

Polo Sur

قاره قطب جنوب

Antártida

کره زمین

Tierra

سرزمین

país

دریا

mar

جزیره

isla

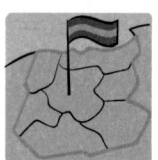

ملت

nación

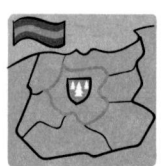

کشور

Estado

ساعت

reloj

صفحه ی ساعت

cuadrante

ساعت شمار

horario

دقیقه شمار

minutero

ثانیه شمار

segundero

ساعت چند است؟

¿Qué hora es?

روز

día

زمان

tiempo

اکنون

ahora

ساعت دیجیتال

reloj digital

دقیقه

minuto

ساعت

hora

هفته

semana

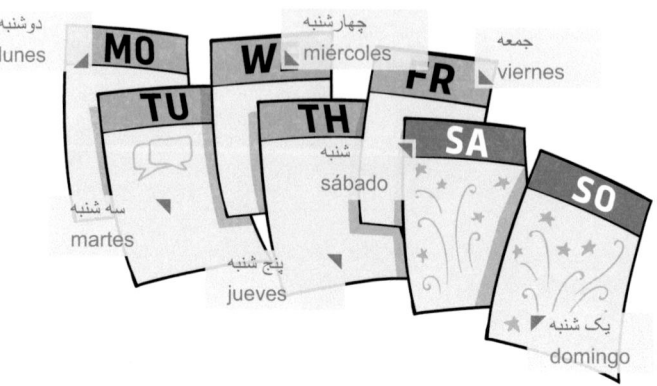

دوشنبه
lunes

سه شنبه
martes

چهارشنبه
miércoles

پنج شنبه
jueves

شنبه
sábado

جمعه
viernes

یک شنبه
domingo

دیروز

ayer

امروز

hoy

فردا

mañana

صبح

mañana

ظهر

mediodía

غروب

tarde

روزهای کاری

jornada de trabajo

آخر هفته

fin de semana

باران
lluvia
رنگین کمان
arco iris
برف
nieve
باد
viento
بهار
primavera
پاییز
otoño
تابستان
verano
زمستان
invierno

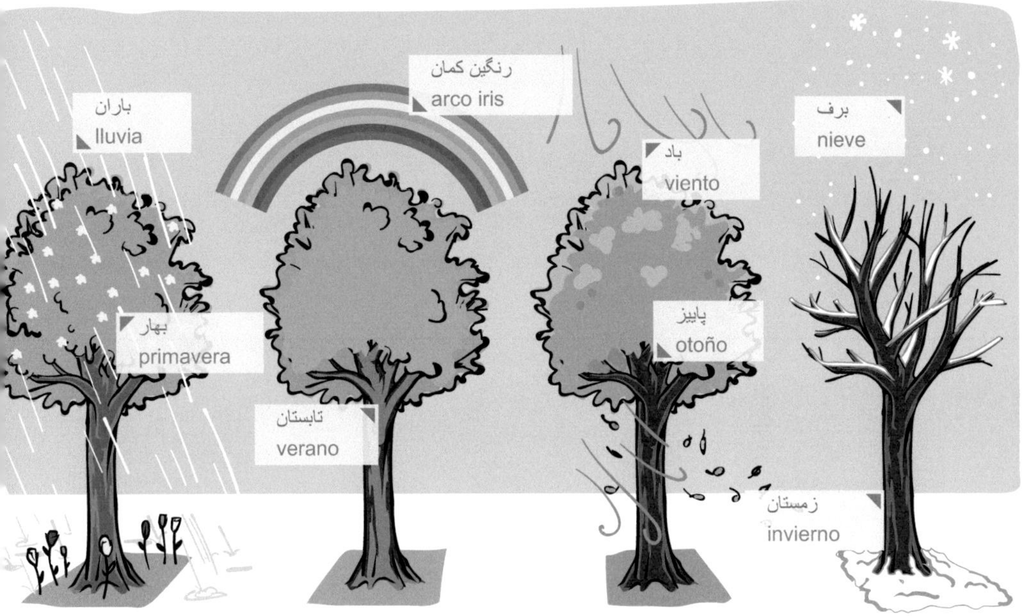

پیش‌بینی اوضاع جوی

pronóstico meteorológico

C

دماسنج

termómetro

تابش آفتاب

luz solar

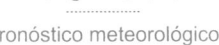

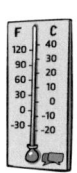

ابر

nube

مه

niebla

رطوبت هوا

humedad ambiente

صاعقه

relámpago

آسمان غره

trueno

طوفان

tormenta

تگرگ

granizo

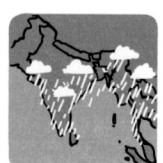

باد موسمی

monzón

سیل

inundación

یخ

hielo

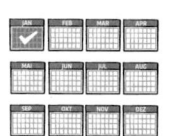

ژانویه

enero

فوریه

febrero

مارس

marzo

آوریل

abril

مه

mayo

ژوئن

junio

ژوئیه

julio

آگوست

agosto

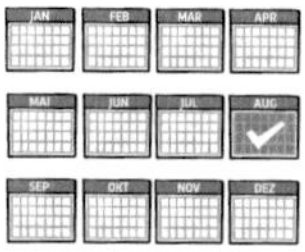

سپتامبر

septiembre

اکتبر

octubre

نوامبر

noviembre

دسامبر

diciembre

آشکال

formas

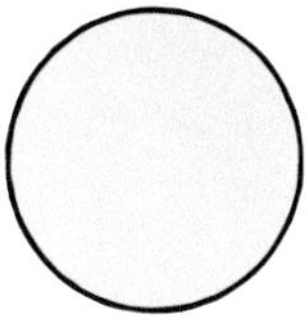

دايره

círculo

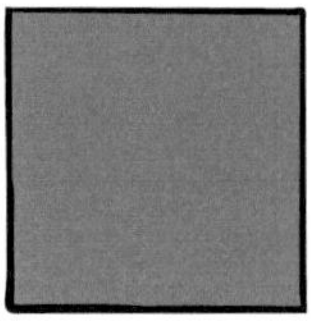

مربع

cuadrado

مستطيل

rectángulo

سه گوش

triángulo

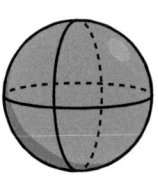

کره

esfera

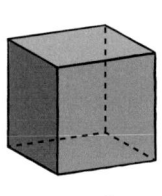

مکعب مربع

cubo

رنگ ها

colores

سفید

blanco

زرد

amarillo

نارنجی

anaranjado

صورتی

rosa

قرمز

rojo

بنفش

lila

آبی

azul

سبز

verde

قهوه ای

marrón

خاکستری

gris

سیاه

negro

متضاد ها

opuestos

خیلی / کم

mucho / poco

خشمگین/ آرام

enojado / calmado

زیبا / زشت

bonito / feo

شروع / پایان

comienzo / fin

بزرگ / کوچک

grande / pequeño

روشن / تیره

claro / oscuro

برادر / خواهر

hermano / hermana

تمیز / آلوده

limpio / sucio

کامل / ناقص

completo / incompleto

روز / شب

día / noche

مرده / زنده

muerto / vivo

پهن / باریک

ancho / angosto

قابل خوردن / غیر قابل خوردن

disfrutable / no disfrutable

غضبناک / مهربان

malo / amigable

هیجان زده / بی حوصله

excitado / aburrido

چاق / لاغر

gordo / delgado

اولین / آخرین

primero / último

دوست / دشمن

amigo / enemigo

پر / خالی

lleno / vacío

سفت / نرم

duro / suave

سنگین / سبک

pesado / liviano

گرسنگی / تشنگی

hambre / sed

مریض / سالم

enfermo / saludable

غیرقانونی / قانونی

ilegal / legal

باهوش / خنگ

inteligente / tonto

چپ / راست

izquierda / derecha

نزدیک / دور

cercano / lejano

نو / استفاده شده

nuevo / usado

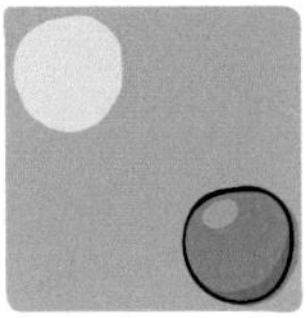

هیچ چیز / چیزی

nada / algo

پیر / جوان

viejo / joven

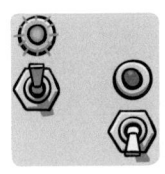

روشن / خاموش

encendido / apagado

باز / بسته

abierto / cerrado

آهسته / بلند

bajo / fuerte

ثروتمند / فقیر

rico / pobre

درست / غلط

correcto / incorrecto

زبر / صاف

áspero / liso

غمگین / خوشحال

triste / alegre

کوتاه / بلند

breve / extenso

کند / تند

lento / veloz

تر / خشک

mojado / seco

گرم / خنک

caliente / frío

جنگ / صلح

guerra / paz

اعداد

números

0 صفر cero	1 یک uno	2 دو dos
3 سه tres	4 چهار cuatro	5 پنج cinco
6 شش seis	7 هفت siete	8 هشت ocho
9 نه nueve	10 دَه diez	11 یازده once

12
دوازده
doce

13
سیزده
trece

14
چهارده
catorce

15
پانزده
quince

16
شانزده
dieciséis

17
هفده
diecisiete

18
هجده
dieciocho

19
نوزده
diecinueve

20
بیست
veinte

100
صد
cien

1.000
هزار
mil

1.000.000
میلیون
millón

زبان ها

idiomas

انگلیسی

....

inglés

انگلیسی آمریکایی

....

inglés estadounidense

چینی ماندارین

....

chino mandarín

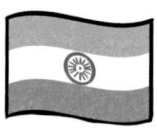

هندی

....

hindi

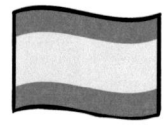

اسپانیایی

....

español

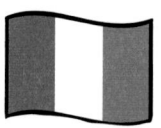

فرانسوی

....

francés

عربی

....

árabe

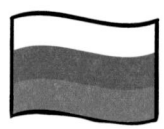

روسی

....

ruso

پرتغالی

....

portugués

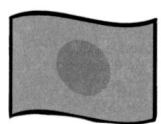

بنگالی

....

bengalí

آلمانی

....

alemán

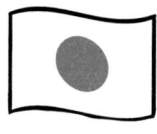

ژاپنی

....

japonés

چه کسی / چه چیزی / چگونه
quién / qué / cómo

من

yo

تو

tú

او

él / ella

ما

nosotros

شما

vosotros

آنها

ellos

چه کسی؟ کی؟

¿quién?

چی؟

¿qué?

چگونه؟

¿cómo?

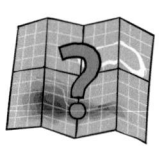

کجا؟

¿dónde?

کِی؟

¿cuándo?

نام

nombre

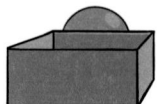

کجا

donde

پشت

detrás

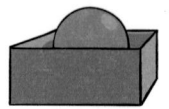

توی

en

جلو

delante de

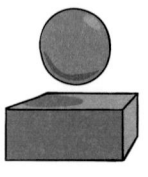

بالای

encima de

روی

sobre

زیر

debajo de

مجاور

junto a

بین

entre

مکان

lugar